certainement fournier est le meilleur fondeur de caracteres que nous ayions et peutetre qu'on aura depuis longtemps. on en peut juger par cet œuvre depreuves d'une netteté admirable

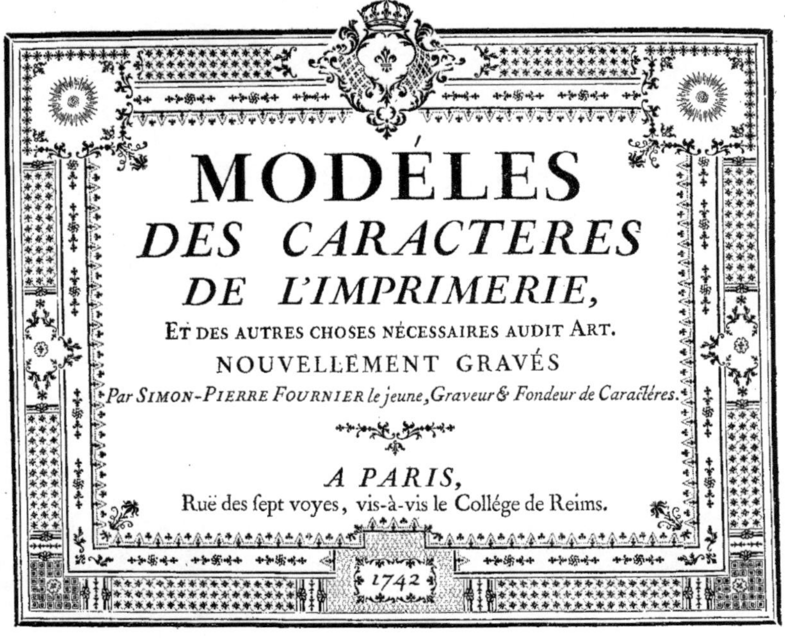

# MODÉLES

## *DES CARACTERES*
## *DE L'IMPRIMERIE,*

Et des autres choses nécessaires audit Art.

### NOUVELLEMENT GRAVÉS

*Par Simon-Pierre Fournier le jeune, Graveur & Fondeur de Caractéres.*

## *A PARIS,*

Ruë des sept voyes, vis-à-vis le Collége de Reims.

1742

# AVIS
## AUX AMATEURS
### DE L'ART DE L'IMPRIMERIE.

 L'ART de graver les Caracteres de l'Imprimerie, dont les Livres imprimés depuis son origine sont les effets, est peut-être celui de tous qui est le moins connu & le moins pratiqué ; à peine y a-t-il ordinairement dans tout le Royaume sept à huit personnes qui l'exercent. En voici la raison : c'est que lorsque les Poinçons sont une fois gravés, & qu'ils ont servi à frapper les Matrices, qui sont les seules choses dont on fasse usage dans la Fonderie, ces Poinçons se conservent toûjours dans la même beauté, & peuvent servir à faire de nouvelles Matrices en tel tems que l'on veut. C'est pourquoi on n'a besoin de graver que quand on manque de Poinçons, ou que l'on cherche à rencherir les uns sur les autres, en corrigeant ce que les Caracteres ont d'irrégulier ou de trop ancien, pour les porter à un plus haut point de perfection.

Tout le monde sçait que l'Art de l'Imprimerie a pris naissance en Allemagne vers l'an 1440. On donne communément l'honneur de l'invention à JEAN GUTTEMBERG, Gentilhomme Allemand, quoique plusieurs autres le lui disputent. Les premieres impressions furent faites avec des Planches de bois, sur lesquelles on gravoit le discours que l'on vouloit imprimer ; mais on s'apperçut bientôt des inconvéniens que cette maniere entraînoit après elle, parce que les Caracteres étant indivisibles, il falloit graver continuellement, & on ne pouvoit corriger

A

*les fautes que l'on avoit faites ; de plus les impreſſions étoient très-groſſieres , étant impoſſible
que les lettres euſſent une parfaite égalité. C'eſt ce qui obligea à chercher avec plus d'ardeur
une maniere plus courte & plus facile , & on trouva enfin l'Art de graver chaque lettre ſur un
Poinçon d'acier , pour pouvoir faire les Matrices qui , avec le ſecours d'un Moule , ſervent
à fondre les lettres ſéparément & à les multiplier à l'infini ; enſorte que l'on peut les employer
ſucceſſivement à tous les diſcours que l'on veut , en ſe donnant ſeulement la peine de les arran-
ger de nouveau. Les premiers Poinçons que l'on grava , furent les Lettres Gothiques , Bâtardes
ou Allemandes , dont on fit uſage pendant le premier ſiécle de l'Imprimerie ; puis on inventa
le Caractere que l'on appella Lettres Bourgeoiſes , qui tiennent le milieu entre le Gothique &
celles d'à préſent , dont on imprima beaucoup de Livres tant à Veniſe , Rome , Lyon , qu'à
Paris ; enfin le Caractere Romain , dont on attribue l'invention à ALDE MANUCE Italien ,
ou du moins il eſt le premier qui s'en eſt ſervi : la différence conſiſte dans les lettres minuſcules ,
que nous appellons bas de Caſſe ; car pour les Capitales , ce ſont les mêmes dont les anciens
Romains ſe ſervoient dans leurs monumens & inſcriptions , & c'eſt ce qui a donné le nom au
Caractere. Cet Art s'eſt perfectionné en aſſez peu de tems , & à meſure que l'on a corrigé la
forme des lettres , on les a exécutées avec plus de délicateſſe & de préciſion.*

*Ce fut pendant le ſeiziéme ſiécle que cet Art fleurit en France : pluſieurs Graveurs y ex-
cellerent pour lors ; & étant preſque tous contemporains & diſciples les uns des autres , ils
chercherent par une noble émulation à donner à cet Art toute la perfection dont ils étoient ca-
pables ; & ils y ont ſi bien réuſſi , que leurs Caracteres ont été les modéles de tous les autres , &
ont fait l'honneur des plus belles Editions de France , & même d'une grande partie de celles des
Pays étrangers , parce que les frappes de leurs Poinçons ſe ſont répandues en diverſes parties
de l'Europe , où ils ſervent encore aujourd'hui avec autant de ſuccès qu'à Paris. Ainſi l'on
peut dire que ſi l'Allemagne a donné naiſſance à cet Art , c'eſt la France , & principalement*

*la Ville de Paris , qui lui a donné la perfection. Entre plusieurs qui l'ont exercé avec honneur, voici ceux qui s'y font le plus distingués.*

*SIMON DE COLINES , natif du Village de Gentilly près de Paris , fut le premier qui grava avec succès des Caractères Romains tels que ceux dont nous nous servons , & à peu près dans le même tems qu'Alde Manuce faisoit usage de pareils à Venise , car il y travailloit dès l'an 1480. Après en avoir gravé de plusieurs grosseurs , il imprima beaucoup de Livres qui lui acquirent une réputation qui demeura long-tems dans l'esprit du Public , comme étant celui qui jusqu'alors avoit fait les plus beaux Caractères & les plus belles impressions.*

*CLAUDE GARAMOND , Parisien , Graveur & Fondeur de Caractères , commença vers l'an 1510. Il purgea les Caractères de tout ce qu'il leur restoit de Gothique , & il les a portés à une si grande perfection, qu'on ne peut lui refuser la gloire d'avoir surpassé tous ceux qui étoient venus avant lui , & de ne l'avoir jamais été par ceux qui font venus après. Ses Caractères se font extrêmement multipliés par le grand nombre qu'il en a gravés , & par les frappes qui en ont été faites. Dans les épreuves que les Etrangers en firent , en Italie , en Allemagne , en Angleterre , & même en Hollande , ils eurent soin d'ajoûter à chaque nom du Caractère celui de Garamond , pour les distinguer de tous les autres , & le petit-Romain par excellence étoit connu chez eux sous le seul nom de Garamond ; mais ce qui a mis le comble à sa gloire , ce font trois fortes de Caractères Grecs qu'il grava par ordre de François I. dont Robert Etienne a fait usage dans ses belles Editions. Il mourut en Décembre 1561 , & fut inhumé dans le Cimetiere de Saint Benoît , qui étoit pour lors sur la Place de Cambray.*

*ROBERT GRANJON aussi Parisien , fils de Jean Granjon , Imprimeur & Libraire , grava à Paris plusieurs Caractères Romains & Italiques , & de très-beaux Grecs où il excella , qui font avec les trois de Garamond tout ce que nous avons de plus beau dans ce genre. Il passa à Lyon en 1570 , où ayant travaillé pendant huit ans , il fut appelé à Rome par le Pape*

*Grégoire XIII. pour graver des Caracteres Hébreux, Syriaques, Arabes, Grecs, Armeniens, ce qu'il exécuta. Il n'y a presque point de partie en Europe où l'Imprimerie soit en honneur, qui n'ait encore actuellement de ses Caracteres.*

*GUILLAUME LE BÉ, de Troyes en Champagne, disciple de Robert Etienne, ayant travaillé quelque tems à Paris, alla à Venise en 1545, âgé de 20 ans, où il grava plusieurs Caracteres Hébreux & Rabbins pour diverses personnes, & particuliérement pour Messire Marco Antonio Justiniani, noble Venitien, qui avoit une Imprimerie Hébraïque. De-là il passa à Rome à la solemnité du Jubilé de 1550 sous le Pape Jules III. puis de retour à Paris il s'y établit en qualité de Graveur & Fondeur de Caracteres, qu'il exerça jusqu'en 1598 qui fut l'année où il mourut âgé de 73 ans.*

*JACQUES DE SANLECQUE, natif de Cauleu dans le Boulonnois en Picardie, fut un très-habile Graveur & Fondeur : s'étant appliqué dès sa jeunesse à cet Art vers l'an 1558, il y devint si habile, qu'il fut trouvé, sur la fin de son tems, le seul capable de graver les Caracteres Syriaques, Samaritains, Chaldéens & Arabiques, pour l'impression de la fameuse Bible Poliglotte de Messire Guy Mich. le Jay, Maître des Requêtes. C'est lui qui a gravé & fondu les premiers Caracteres de Musique portant ses regles ; avant lui on les imprimoit à deux fois, les regles les premieres, & ensuite la note, comme on fait encore aujourd'hui pour le pleinchant rouge & noir. Après avoir rendu au Public un service assidu pendant 75 ans, il mourut à Paris en sa 90e année, le 20 Novembre 1648.*

*JACQUES DE SANLECQUE son fils, né à Paris vers l'an 1614 s'appliqua d'abord à l'étude des Langues dont il sçavoit un grand nombre : il avoit de si heureuses dispositions, qu'il réussit sans beaucoup de peine dans toutes les Sciences qu'il entreprit ; mais voyant que son pere étoit sans successeur dans un Art qui le rendoit si recommandable, il embrassa cette Profession, & y réussit si bien, qu'il embellit même quelques ouvrages de son pere. Il grava des No-*

*tes*

tes de Plein-chant & de Mufique , & un grand nombre de Caractères, parmi lefquels fe trouve celui qu'il appella la Parifienne , qui étoit alors incomparable en petiteffe : il grava ce Caractere pour l'oppofer à celui que Jean Jeannon Graveur , Fondeur & Imprimeur de la Ville de Sedan venoit de donner au Public fous le nom de Sédanoife ; après cela il s'attacha plus fortement que jamais à l'étude des Sciences, il ruina fa fanté , & mourut à Paris dans la 46.e année de fon âge , le 23 Décembre 1660. Avec lui finirent tous les habiles Graveurs , & depuis il s'eft paffé près de 60 ans pendant lefquels cet Art a été fi négligé , que l'on a eu de la peine à trouver quelqu'un qui pût graver les J J confonnes & U U voyelles capitales , lorfque l'ufage s'en eft introduit en France. Comme on oublioit en même-tems ces grands Maîtres qui ont rendu les plus grands fervices à l'Imprimerie, & qu'ils font encore prefqu'entiérement inconnus du Public ; c'eft ce qui m'a engagé à donner ici une légere idée , du moins de ceux qui ont exercé cet Art avec plus d'application.

Ce n'eft qu'au commencement de ce fiécle qu'il s'eft un peu renouvellé , en fortant de l'obfcurité où il avoit été enfeveli pendant long tems ; c'eft pourquoi les progrès qu'on y a faits , ont encore befoin d'accroiffemens.

Comme je me trouve attaché par état & par inclination à l'Art de fondre les Caractères, je me fuis appliqué d'abord à en connoître les beautés & les défauts, & à remarquer les changemens dont ils pouvoient être fufceptibles ; enfuite j'ai tâché de réunir l'Art de les graver à celui de les fondre, afin d'être en état d'exécuter moi-même les remarques que j'aurai faites, fans avoir befoin d'une main étrangere. Dans cette vûe, j'ai affemblé des épreuves ou modéles des plus beaux Caractères de différentes Fonderies tant de France que des Pays étrangers ; j'ai pris dans chacun ce qui m'a paru bon fans m'affujettir à aucun en particulier , mais je me fuis principalement attaché aux Caractères Romains des Graveurs dont je viens de parler, les Etrangers n'ayant jamais rien fait de fi beau ; auffi je m'en fuis approché le plus près que j'ai

B

pu , en obſervant néanmoins de faire quelques changemens qui m'ont paru néceſſaires , comme de mettre les Capitales au niveau des longues du bas de Caſſe , cela fait une plus belle uniformité , les anciens étoient dans l'uſage de les faire un peu plus petites ; j'ai donné aux angles de ces mêmes Capitales un peu plus de quadrature ainſi qu'à quelqu'autres Lettres minuſcules, où j'ai ôté un certain arrondiſſement qui ſe trouve dans l'angle des traits perpendiculaires & horizontaux , cela ſert à leur donner beaucoup plus de dégagement , à les détacher les uns des autres , & à rendre les traits plus diſtincts. Mais la différence que l'on trouvera entre mes Italiques & celles des anciens , dont la plûpart ſervent encore aujourd'hui , ſera beaucoup plus grande : on reconnoît toûjours dans pluſieurs la main des grands Maîtres qui les ont faits , par la juſteſſe & l'égalité des traits , mais on peut auſſi y reconnoître un certain air d'antiquité que j'ai jugé à propos de réformer ; c'eſt pourquoi j'ai ſuivi mon goût ſur cette ſorte de Caracteres en le rapprochant un peu plus de notre maniere d'écrire , & diſtinguant bien ſurtout les pleins & les déliés ; comme on peut en faire la différence ſur le champ , en prenant le premier Livre que l'on trouvera ſous la main , & le comparant avec ceci ; je ne dirai rien de plus ſur cet article.

Dans le deſſein que j'avois formé de graver tous les Caracteres néceſſaires pour faire une Fonderie complette , je me ſuis trouvé embarraſſé pour ſçavoir quelle force de corps je ſuivrois pour chacun , ces corps ſe diverſifiant preſqu'autant qu'il y a d'Imprimeries différentes. Un Cicero ou un petit-Romain , par exemple , eſt plus fort ou plus foible dans un endroit que dans un autre. J'entends ici par force de corps , l'épaiſſeur juſte & déterminée que devroit avoir la matiere ſur laquelle la lettre eſt figurée , ou la diſtance toûjours égale des lignes d'un même Caractere , & dont le défaut d'exécution cauſe beaucoup d'inconvéniens par le mélange qui arrive ſouvent des Fontes , Cadrats ou Eſpaces de différentes forces de corps , par le déſordre & la confuſion qui en réſultent , & dont bien de mauvaiſes impreſſions ſont le fruit.

On pourroit éviter tous ces inconvéniens , & procurer au contraire beaucoup d'avantages à l'Imprimerie , si on donnoit à chaque corps des Caractteres un degré de force & de proportion fixe & déterminé qui fût toûjours le même. C'est pourquoi je me suis appliqué d'autant plus volontiers à chercher ces proportions qui leur manquoient , que j'ai cru par-là rendre service à l'Imprimerie , & entrer dans l'esprit de l'Ordonnance du Roy du 28 Février 1723 , & des Reglemens faits en conséquence , qui ordonnent de l'ordre & de la précision dans les Caractteres , & qui les fixe en même-tems à dix lignes & demie géometriques de hauteur en papier. On trouvera ici la Table des proportions que je donne à chaque Caractere , en conservant autant que j'ai pu celles qu'ils avoient déja. J'établis entr'eux une gradation suivie & une correspondance générale , de façon que les gros corps font précisément le double , triple ou quadruple de ceux qui sont au-dessous ; on y verra aussi l'assemblage des petits corps pour faire les grands ; ce qui servira à prouver la grande justesse qu'on pourra leur donner. J'ai mis au haut de la Table une Echelle que je divise en deux pouces , le pouce en douze lignes , & la ligne en six points ; j'ai marqué vis-à-vis le nom de chaque Caractere le nombre de lignes & de points qu'il doit avoir , & qu'il faudra prendre sur l'Echelle bien exactement ; car le défaut qui seroit peu de chose sur une lettre , deviendroit considérable à la composition qui augmenteroit de 20 ou 30 fois plus , quand il y auroit 20 ou 30 lignes les unes sur les autres , & on retomberoit par-là dans les mêmes inconvéniens que ces nouvelles proportions pourront faire éviter. Mais voici une maniere d'y réussir sûrement & invariablement. Messieurs les Fondeurs' pourront faire une justification de fer ou de cuivre , sur laquelle il entre un certain nombre déterminé de lettres de tel ou tel corps : par exemple , je veux faire une justification de 20 lettres de Saint-Augustin qui puisse servir aussi à son corps double qui est le petit-Canon , ou pour les lettres de deux lignes ; je regarde sur la Table des proportions , & je vois que le Saint-Augustin porte deux lignes & deux points de corps que je multiplie par vingt , le produit eſt 46 lignes 4 points, dont je prends bien exactement la valeur avec un compas ſur l'Echelle, que je trace enſuite ſur une lame de cuivre, qui ſera la juſtification pour tous les Saint-Auguſtins que j'aurai à faire ſuivant ces proportions, & ſur laquelle il entrera 20 Saint-Auguſtins, 40 Mignones, 10 petit-Canons ou lettres de deux lignes. On pourra ſuivre la même regle pour les autres corps, à moins que l'on ne veuille faire une juſtification qui ſerve à pluſieurs; comme, par exemple, une de 40 lignes, meſure de l'Echelle, ſervira pour 48 Pariſiennes, 40 Nompareilles, 30 petit-Textes, 24 petit-Romains, 20 Cicero, 15 gros-Textes, 12 petit-Parangons, & 10 Paleſtines. La preuve en eſt claire; que l'on ſe donne la peine de calculer, & on verra que 48 Pariſiennes à 5 points chaque font la valeur de 40 lignes, 40 Nompareilles à une ligne chaque font le même nombre, & ainſi des autres dont le produit eſt juſte de 40 lignes. Il faudra que le nombre de lettres marqué à chacun de ces huit Caracteres ſe trouve juſte au bout de la juſtification, comme le nombre de lignes dans le calcul; & par ce moyen on trouvera tous les Caracteres dans la proportion, l'ordre, la juſteſſe & la correſpondance qu'ils n'ont jamais eus. Entre pluſieurs avantages qui en reviendroient à l'Imprimerie & à la Fonderie, en voici quelques-uns qui méritent attention. On éviteroit, comme je l'ai dit, tous les déreglemens que les inégalités des Caracteres cauſent dans l'Imprimerie. Il n'y auroit point d'Imprimeur qui après un peu d'uſage ne ſçache, lorſqu'il auroit quelque reſte de page à finir en cadrats, qui ſont ceux des gros corps qui peuvent le faire promptement & dans la derniere exactitude ſans qu'il ſoit beſoin de juſtifier, comme une ligne de Paleſtine pour 4 de Nompareille, 3 de petit-Texte & 2 de Cicero, ainſi des autres, parce que le corps des Caracteres étant une fois fixé, on ſçaura au juſte le degré de diſtance qu'il y a de l'un à l'autre, & par le même moyen, combien, dans l'Impreſſion d'un livre, un Caractere peut augmenter ou diminuer de feuilles ſur un autre, ce qu'on n'a jamais pu faire juſtement ſans cela. Il ne ſera pas néceſſaire de faire fondre aucuns Cadrats ni Eſpa-

ces

ces pour les lettres de deux lignes, que nous appellons Lettres de deux points, parce que ceux des corps supérieurs seront incontestablement les mêmes. Les lettres ou chifres supérieurs se trouveront aussi dans les Imprimeries, sans qu'il soit besoin d'en faire fondre exprès : par exemple, pour faire des supérieures de Gros-Romain, on pourra prendre la supérieure dans le Petit-Romain, & mettre dessous une espace de Petit-Texte, ces deux corps ensemble font le Gros-Romain ; ou la lettre de Philosophie & l'espace de Mignone qui font aussi le même corps, ou encore joindre la Nompareille au Cicero qui feront le même effet ; ainsi on aura la liberté de choisir dans trois ou quatre façons pour chaque corps, & par ce moyen on trouvera chez soi des supérieures de quel œil on voudra. On pourra consulter la Table pour toutes ces choses, en attendant que l'on acquierre ces connoissances par l'usage. Pour les avantages que les Fondeurs en retireroient, ce seroit la diminution du grand nombre de moules que nous sommes obligés d'avoir, & des réparations & changemens que nous sommes sans cesse contraints d'y faire, pour contenter tout le monde, ce qui nous cause beaucoup de sujétion & quelquefois des méprises ; enfin cela procureroit en général bien d'autres avantages que l'usage feroit découvrir. Voilà une partie des observations que j'ai cru nécessaires à l'Imprimerie & à la Fonderie, ce sera à Messieurs les Imprimeurs à en juger ; & s'ils les trouvent telles, ils pourront s'en procurer les avantages, puisque je viens de donner la maniere sûre d'y réussir ; & à mesure qu'ils auront besoin de faire renouveller leurs Fontes, ils pourront les faire exécuter suivant ces proportions, & insensiblement leurs Imprimeries se trouveroient parfaitement bien conditionnées, sans qu'il leur en coûte davantage. En attendant, j'avertis que tous mes Caracteres sont gravés suivant ces proportions. Je dirai ici un petit mot sur quelques-uns qui pourroient paroître nouveaux, comme le TRISMÉGISTE, qui n'est guéres connu que dans le Traité de l'Imprimerie de Monsieur Fertel ; je le place entre le Gros & le Petit-Canon pour faire les deux points de Gros-Romain. La PALESTINE que l'on ne connoît guéres davantage, & qui néanmoins fait un beau corps,

C

*étant les deux points du Cicero qui est le Caractere le plus usité dans l'Imprimerie. Pour le* GROS-TEXTE, *il est entiérement nouveau ; comme je ne trouvois rien qui pût faire les deux points du Petit-Texte, & que ce Caractere auroit été le seul sans son corps double, j'ai cru qu'on pouvoit enrichir l'Imprimerie d'un Caractere de plus, pour donner à ces mêmes Caracteres la correspondance générale qui leur auroit manqué sans cela. J'ai donné un peu plus de force au Gros-Romain, pour pouvoir le placer entre celui-ci & le Saint-Augustin. Je l'ai nommé Gros-Texte, non seulement parce qu'il fait les deux points du Petit-Texte, mais aussi parce que c'est un terme connu, étant autrefois synonyme au Gros-Romain ; ce dernier s'appellant Gros-Romain ou Gros-Texte suivant les Pays, & selon que par sa force ou sa foiblesse il approchoit le plus des deux points du Petit-Romain ou du Petit-Texte.*

*On trouvera dans ce Recueil une nouvelle collection de Lettres de deux points, Romaines & Italiques, dont ces dernieres manquoient presqu'entiérement dans l'Imprimerie ; à l'exception seulement de l'Imprimerie Royale, qui est fournie abondamment de tout ce qui peut faire des impressions parfaites, & dont les Caracteres feront à jamais la gloire de l'Imprimerie & l'honneur de ceux qui les ont gravés. On trouvera donc dans cette collection les grosses & moyennes de fonte, qui sont ce qu'il y a de plus gros jusqu'à présent dans ce genre ; ce que j'ai fait pour suppléer, du moins jusqu'à cette grosseur, aux défauts toûjours grossiers & inévitables des lettres de bois. On peut voir par cet assortiment complet de Lettres de deux points, que j'ai plus considéré ce qui pouvoit ajoûter quelques embellissemens aux impressions, que mes propres intérêts, ces Caracteres étant ceux qui nous coûtent le plus & qui rapportent le moins ; parce qu'il n'y a que les Curieux qui en prennent, & qu'un seul assortiment de chaque leur suffit pour la vie : cependant comme cela fait un ornement de plus, je n'ai point hésité à les graver. C'est dans la même vûe que j'ai gravé aussi un assortiment de Vignettes ou ornemens de fonte dans un goût nouveau, qui non seulement pourront servir seuls, mais qui composés ensemble formeront différens deſſeins que l'on pourra multiplier à l'infini : on en verra quelques modéles à la fin de ce Recueil. J'ai imaginé de plus un Moule, par le moyen duquel je fais des Réglets de fonte, ſimples, doubles ou triples, de toutes longueurs & de tous corps, qui ſeront plus juſtes que ceux de cuivre dont on ſe ſert, & qui coûteront moitié moins. Enfin on trouvera dans la même Fonderie tous les autres Caracteres, Signes, Figures, &c. qui peuvent ſervir à l'Imprimerie ; & ce que je n'aurai pas pour lors, je le graverai ſuivant le goût des Auteurs ou Imprimeurs qui me feront l'honneur de s'adreſſer à moi. Il me reſte à examiner de nouveau tous mes Caracteres, pour corriger les négligences qui auroient pu m'échapper ; ce que je ferai avec toute l'exactitude poſſible, afin de leur donner la plus grande perfection que je pourrai ; parce que je m'eſtimerois heureux ſi, à force de ſoins & d'application, je pouvois contribuer en quelque choſe à augmenter l'honneur que l'Imprimerie de France, & ſur-tout celle de Paris, s'eſt déja ſi juſtement acquis.*

## APPROBATION.

J'A I lû par ordre de Monſeigneur le Chancelier, un Manuſcrit intitulé : *Modéles des Caracteres, & autres choſes néceſſaires audit Art*, nouvellement gravés par le ſieur Simon-Pierre Fournier, le jeune ; qui prouvent qu'il a très-utilement travaillé pour la perfection de l'Imprimerie, à laquelle on ne peut trop tendre pour l'honneur de la France. A Paris, ce 3 May 1742. *SAUGRAIN, Syndic de la Librairie & Imprimerie de Paris.*

## PERMISSION DU ROI.

LOUIS par la grace de Dieu, Roi de France & de Navarre : à nos amés & féaux Conſeillers, les gens tenans nos Cours de Parlement, Maîtres des Requêtes ordinaires de notre Hôtel, Grand Conſeil, Prevôt de Paris, Baillifs, Sénéchaux, leurs Lieutenans civils & autres nos Juſticiers qu'il appartiendra, SALUT.

Notre bien amé S. P. FOURNIER , Graveur & Fondeur de Caracteres , nous a fait expofer qu'il défire-
roit graver & donner au Public un livre intitulé : *MODÉLES DES CARACTERES DE L'IMPRIMERIE
ET DES AUTRES CHOSES NÉCESSAIRES AUDIT ART* , s'il nous plaifoit lui accorder nos Lettres de
permiffion pour ce néceffaires ; Nous lui avons permis & permettons de graver le Livre ci-deffus fpécifié
en telle forme & autant de fois que bon lui femblera, & de le faire vendre & débiter par tout notreRoyaume pendant le tems de trois années confécutives à compter du jour de la datte defd. Préfentes : Faifons
défenfes à tous Graveurs , Imprimeurs en taille douce,& autres perfonnes de quelque qualité & condition
qu'elles foient , d'en introduire de gravûre étrangere dans aucun lieu de notre obéiffance ; à la charge que
ces Préfentes feront enregiftrées tout au long fur le Regiftre de la Communauté des Libraires & Imprimeurs deParis,dans trois mois de la datte d'icelles,que la gravûre dud.Livre fera faite dans notreRoyaume
& non ailleurs , conformément aux Réglemens de la Librairie , & notamment à celui du 10 Avril 1725 ;
qu'avant de l'expofer en vente,le manufcrit ou épreuve qui aura fervi de copie à la gravûre dud.Livre, fera remis dans le même état où l'approbation y aura été donnée,ès mains de notre très-cher & féal Chevalier
le fieurDagueffeau, Chancelier deFrance,Commandeur de nos Ordres,& qu'il en fera enfuite remis deux
exemplaires dans notreBibliotheque publique, un dans celle de notre Château du Louvre & un dans celle
de notred. très-cher & féal Chevalier le fieur Dagueffeau , Chancelier de France , le tout à peine de nulli-
té des Préfentes. Du contenu defquelles vous mandons & enjoignons faire jouir led. Expofant ou fes ayans
caufes pleinement & paifiblement , fans fouffrir qu'il leur foit fait aucun trouble ou empêchement. Vou-
lons qu'à la copie defd.Préfentes, qui fera imprimée tout au long,au commencement ou à la fin dud.Livre,
foy foit ajoûtée comme à l'original. Commandons au premier notre Huiffier ou Sergent de faire pour l'exécution d'icelles tous actes requis & néceffaires,fans demander autre permiffion, & nonobftant Clameur de
Haro , Charte Normande , & Lettres à ce contraires ; car tel eft notre plaifir. Donné à Paris le huitiéme
jour du mois de Juin , l'an de grace mil fept cens quarante-deux , & de notre Regne le vingt-feptiéme.
Par le Roi en fon Confeil , S A I N S O N.

*Regiftré fur le Regiftre XI. de laChambre Royale & Syndicale des Libraires & Imprimeurs deParis, Nº 21,
fol. 18 , conformément au Réglement de 1723 , qui fait défenfe , article 4 , à toutes perfonnes de quelque qualité
qu'elles foient , autres que les Libraires & Imprimeurs , de vendre , débiter & faire afficher aucuns Livres pour les
vendre en leurs noms , foit qu'ils s'en difent les Auteurs ou autrement ; & à la charge de fournir à ladite Cham-
bre Royale & Syndicale des Libraires & Imprimeurs de Paris , huit exemplaires prefcrits par l'article 108 du
même Réglement. A Paris , le 11 Juin 1742,*            *S A U G R A I N Syndic.*

NOUVELLE DE COLLECTION
LETTRES DE DEUX P.. ROMAINES ET ITALIQUES.
ET DE REGLETS FILETS CROCHETS ET ACCOLLADES. LE TOUT DE FONTE. PAR S.P. FOURNIER.
GROSSES DE FONTE.
ABCDEFGHIKL
MNOPQRSTUV
XYZÆŒWJ.
MOIENNES DE FONTE.
ABCDEFGHIJKLMNO
PQRSTUVXYZÆŒW
LES MÊMES ITALIQUES.
ABCDEFGHJIKLMN
OPQRSTUVXYZWÆ

LETTRES DE DEUX POINTS DE GROS CANON ET TRISMEGISTE.

ABCDEFGHIJKLMNOP
QRSTUVXYZÆWŒ

*LES MEMÊS ITALIQUES.*

*ABCDEFGHJIKLMN*
*OPQRSTUVXYZÆWŒ*

DEUX P.. DE P. CANON ET PALESTINE.

ABCDEFGHJI
KLMNOPQRS
TUVXYZÆWŒ

*LES MÊMES ITALIQUES.*

*ABCDEFGHIJ*
*KLMNOPQRS*
*TUVXYZÆWŒ*

DEUX P.. DE GROS PARANGON.

ABCDEFGHJIK
LMNOPQRSTU
VXYZÆWŒ ' ,.

*LES MÊMES ITALIQUES.*

*ABCDEFGHIJKL*
*MNOPQRSTUVX*
*YZWÆŒ* ?!.'.,:-

# TABLE
## DES PROPORTIONS
### DES DIFFERENS CARACTERES DE L'IMPRIMERIE.

*Par S. P. Fournier, Graveur & Fondeur de Caractéres d'Imprimerie.*

| No. | Corps. | Échelle de [deux pouces] | Lignes | Points |
|---|---|---|---|---|
| 1 | PARISIENNE. | . . . . . . . . . . . . | | 5 |
| 2 | NOMPAREILLE. | . . . . . . . . . . . . | 1 | |
| 3 | MIGNONE. | . . . . . . . . . . . . | 1 | 1 |
| 4 | PETIT-TEXTE. | . . . . . . . . . . . . | 1 | 2 |
| 5 | GAILLARDE. | . . . . . . . . . . . . | 1 | 3 |
| 6 | PETIT-ROMAIN. | 2. Parisiennes. | 1 | 4 |
| 7 | PHILOSOPHIE. | 1. Parisienne, 1. Nompareille. | 1 | 5 |
| 8 | CICERO. | 2. Nompareilles. ‖ 1. Parisienne, 1. Mignone. | 2 | |
| 9 | SAINT-AUGUSTIN. | 2. Mignones. ‖ 1. Nompareille, 1. Petit-Texte. | 2 | 2 |
| 10 | GROS-TEXTE. | 2. Petits Textes. ‖ 1. Parif. 1. Philosophie. 1. Nompareil. 1. Petit Romain. ‖ 1. Mignone, 1. Gaillarde. ‖ 2. Parif. 1. Nomp. | 2 | 4 |
| 11 | GROS-ROMAIN. | 2. Gaillardes. 3. Nompareilles. ‖ 1. Nomp. 1. Cicéro. 1. Mign. 1. Philosoph. ‖ 2. Parif. 1. Pet. Text. 1. Pet. Rom. 1. Nomp. 1. Gaill. 1. Parif. 1. Mignone. ‖ 1. Parif. 1. Per. Text. | 3 | |
| 12 | PETIT-PARANGON. | 2. Petits Romains. 4. Parisiennes. ‖ 1. Nomp. 1. Saint-Augustin. 1. Pet. Text. 1. Cic. 1. Gaill. 1. Philosoph. ‖ 2. Parif. 1. Pet. Rom. 2. Nomp. 1. Pet. Text. 2. Mign. 1. Nomp. 1. Parif. 1. Nomp. 1. Gaill. 1. Parif. 1. Mignon. 1. Per. Text. | 3 | 2 |
| 13 | GROS-PARANGON. | 2. Philosophies. ‖ 1. Nomp. 1. Gros Texte. 1. Pet. Text. Saint-Aug. 1. Cic. ‖ 2. Parif. 1. Cic. 2. Nomp. 1. Pet. Rom. 2. Mign. 1. Per. Text. 1. Per. Text. 1. Nomp. ‖ 1. Parif. 1. Philosoph. 1. Nomp. 1. Mign. 1. Gaill. 1. Parif. 1. Mignone. | 3 | 4 |
| 14 | PALESTINE. | 1. Cicéros. 3. Petits-Textes. 4. Nompareilles. ‖ 1. Nomp. 1. Gros Romain. 1. Pet. Text. 1. Gr. Text. 1. Pet. Rom. 1. Saint-Aug. ‖ 2. Parif. 1. S. Aug. 2. Nomp. 1. Cic. 2. Mignon. 1. Pet. Rom. 1. Gaill. 1. Nomp. ‖ 1. Parif. 1. Mign. 1. Cic. 1. Parif. 1. Gaill. 1. Pet. Rom. 2. Nomp. 1. Mign. 1. Philosoph. 1. Nomp. 1. Pet. Text. 1. Pet. Rom. 1. Mign. 1. Pet. Text. 1. Gaill. 2. Parif. 2. Mign. 3. Parif. 1. Gaill. | 4 | |
| 15 | PETIT-CANON. | 2. Saints Augustins. 4. Mignones. ‖ 1. Nomp. 1. Gros-Parangon. 1. Pet. Text. 1. Petit-Parangon. 1. Pet. Rom. 1. Gr. Rom. 1. Cic. 1. Gr. Text. ‖ 2. Parif. 1. Gr. Rom. 2. Nomp. 1. Gr. Text. 2. Mign. 1. S. Aug. 2. Pet. Text. 1. Cic. 2. Gaill. 1. Pet. Rom. 2. Pet. Rom. 1. Pet. Text. 2. Philosoph. 1. Nomp. ‖ 2. Parif. 1. Gaill. 2. Nomp. 1. Pet. Text. 3. Parif. 3. Nomp. 3. Nomp. 1. Pet. Rom. 4. Parif. 1. Pet. Text. 3. Parif. 1. Mign. 1. Gr. Text. 1. Nomp. 1. Pet. Text. 1. S. Aug. 1. Parif. 1. Gaill. 1. S. Aug. 1. Parif. 1. Philosoph. 1. Cic. 1. Nomp. 1. Pet. Rom. 1. Cic. 1. Mign. 1. Gaill. 1. Cic. ‖ 2. Nomp. 1. Mign. 1. Gaill. 1. Mign. 1. Nomp. 1. Pet. Text. | 4 | 4 |
| 16 | TRISMEGISTE. | 2. Gros-Romains. 3. Cicéros. 4. Gaillardes. 6. Nompareilles. 1. Pet. Text. 1. Petit-Canon. 1. Cic. 1. Palestine. 1. S. Aug. 1. Gr. Parang. 1. Gr. Text. 1. Pet. Parang. *(On peut encore augmenter de beaucoup l'assemblage de ce Corps & des suivans.)* | 6 | |
| 17 | GROS-CANON. | 2. Gros-Parangons. 4. Philosophies. ‖ 1. Pet. Text. 1. Trismégiste. 1. Gr. Text. 1. Pet. Canon. 1. Pet. Parang. 1. Palestine. | 7 | 1 |
| 18 | DOUBLE-CANON. | 1. Petits-Canons. 4. Saint-Augustins. 8. Mignones. ‖ 1. Cic. 1. Gr. Canon. 1. Pet. Parang. 1. Trismég. | 9 | 1 |
| 19 | TRIPLE-CANON. | 2. Trismégistes. 4. Gros-Romains. 6. Cicéros. 8. Gaillardes. 12. Nompareilles. 1. Gr. Text. 1. Doubl-Canon. 1. Pet. Can. 1. Gr. Can. | 12 | |
| 20 | GROSSE-NOMPAREILLE. | 4. Palestines. 8. Cicéros. 12. Petits Textes. 16. Nompareilles. 1. Palest. 1. Triple-Canon. | 16 | |

Tous les Caractéres doivent avoir dix lignes & demie géométriques de hauteur en papier, suivant les Réglemens; ou onze lignes trois points, mesure de l'Echelle.

*Les Caractéres de l'Imprimerie n'ayant point eu jusqu'à présent d'ordre parfait, ( les Corps étant plus forts ou plus foibles, suivant les Imprimeries; ) je leur donne ici un corps fixe & une correspondance générale; en conservant, autant que j'ai pû, les forces de corps ordinaires: ce qui a été approuvé des personnes les plus expérimentées dans l'Art. Et pour l'éxécution, j'ai fait une Echelle que je divise en deux pouces, le pouce en douze lignes, & la ligne en six points; où il faudra prendre exactement le nombre de lignes & de points que je marque pour chaque Corps.*

GROSSE NOMPAREILLE.
ROme se ren-
dit maîtresse de
tout l'Univers.

TRIPLE CANON.
POmpée fut un des plus grands & des plus celebres Generaux de tout l'Empire Romain.

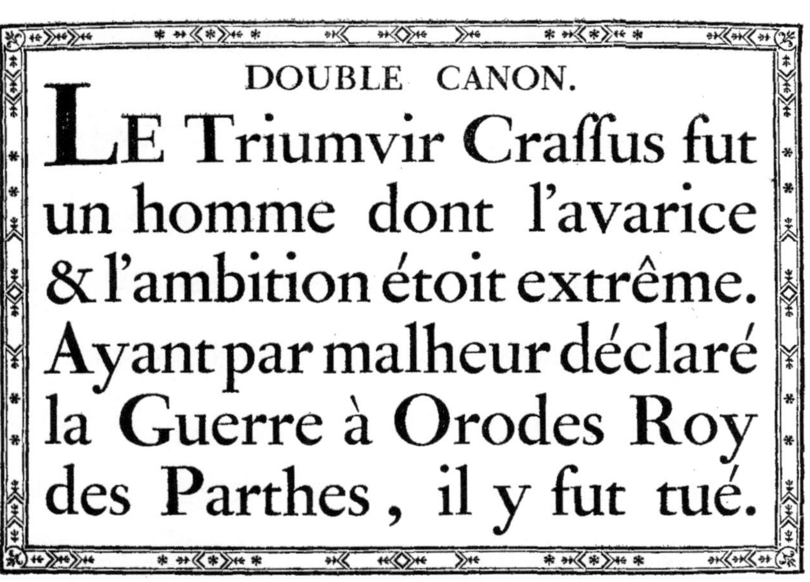


DOUBLE CANON.

LE Triumvir Craſſus fut
un homme dont l'avarice
& l'ambition étoit extrême.
Ayant par malheur déclaré
la Guerre à Orodes Roy
des Parthes, il y fut tué.

## DOUBLE CANON.

*LE* corps mort de Craſſus
ayant été aporté à Orodes,
il lui fit verſer de l'or fondu
dans la bouche, afin que
ſon avarice fut ſatisfaitte
en tout méme après ſa mort.

MArc Antoine ſe rendit recommendable par ſa valeur & ſon habilleté dans l'art Militaire: mais s'étant honteuſement abandonné aux délices d'une vie molle, il lui en couta l'Empire.

GROS CANON.

JULES CESAR éffaça tous les Heros que la Republique Romaine avoit élevez depuis son établissement. Il posseda toutes les belles qualitez d'Alexandre, sans en avoir nullement l'emportement, ni l'intempérance.

## GROS CANON.

Cesar *avoit à peine gouté l'espace de quatre mois le fruit de ses illustres travaux, qu'il fut assassiné par Brutus & Cassius, & tomba mort aux pieds de la Statuë de Pompée, comme une victime immolée à ses Mânes.*

## TRISMEGISTE.

LEs honneurs extraordinaires que l'on rendit à AUGUSTE a-près sa mort, produifirent une nouvelle impieté dans fes Etats.

*LEs Senateurs lui décernerent des honneurs divins ; on lui donna un Temple, des Prêtres, & une Prê-tresse qui fut fa propre femme Livie.*

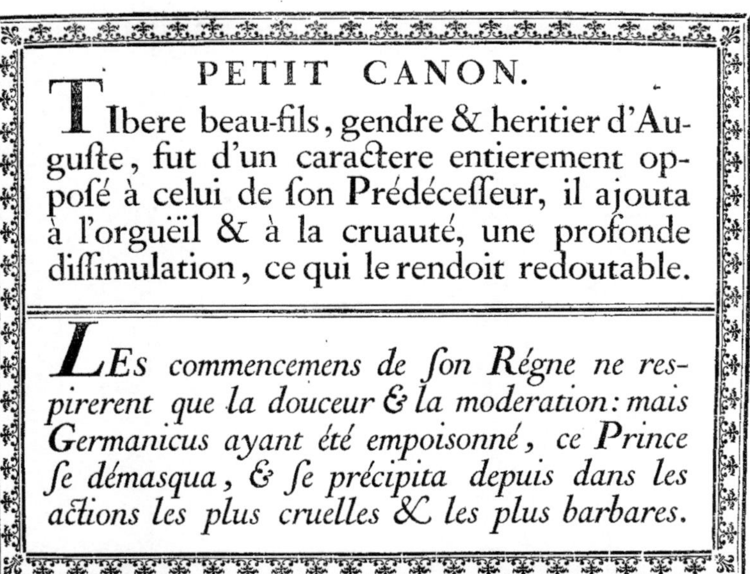

PETIT CANON.

TIbere beau-fils, gendre & heritier d'Auguſte, fut d'un caractere entierement oppoſé à celui de ſon Prédéceſſeur, il ajouta à l'orguëil & à la cruauté, une profonde diſſimulation, ce qui le rendoit redoutable.

LEs commencemens de ſon Régne ne reſpirerent que la douceur & la moderation: mais Germanicus ayant été empoisonné, ce Prince ſe démasqua, & ſe précipita depuis dans les actions les plus cruelles & les plus barbares.

## PALESTINE.

CAIUS fils de Germanicus, fucceda à Tibere dont on dit qu'il avança la mort en lui jettant un oreiller fur la bouche ; il fut furnommé *Caligula*, à caufe d'une efpece de chauffure qu'il avoit coutume de porter dans le camp dès fa plus tendre jeuneffe , & qu'il ne quittoit que très rarement.

*SA tyrannie furpassa bientôt celle de fon Prédécesseur. Il fembla fe dépouiller de toute humanité pour être plus cruel que les bêtes les plus féroces. Les cris lamentables des criminels que l'on menoit à la torture étoient une musique délicieuse pour lui.*

## GROS PARANGON.

CLAUDE , oncle de Caligula, lui fucceda à l'Empire ;
c'étoit un Prince fans vices, mais fans efprit : il voulut
immortalifer fon nom par des ouvrages & des bâtimens
publics. Le Mont Aventin , le defféchement du lac Fu-
cin , & la conftruction d'un Port à Rome , furent quelques monumens de fa liberalité & de fa magnificence.

*IL fut fi prodigue de fes faveurs envers fes amis , qu'il ne*
*dédaigna pas lui-même d'accompagner les triomphes dont Au-*
*lus Plautius fut honoré pour la conquête de la Grande Breta-*
*gne : mais il commit une action de la derniere ftupidité , en*
*appellant à la fuccession de l'Empire, Neron , fon beau-fils ,*
*au préjudice des droits & prétentions de fon fils Britannicus.*

## PETIT PARANGON.

NEron, fils de Cneïus Domitius, eut lui feul plus de vices que tous les Empereurs qui l'avoient précedé, & que tous ceux qui font venus après lui. Jamais Prince ne commença mieux, & ne finit plus mal. Sa mere Agrippine, & Senecque qui avoient formé fon enfance, fufpendirent fon inclination pour le mal, tant qu'il fuivit leurs fages confeils.

*MAIS fe lassant d'obéir, il s'abandonna honteusement à tous les crimes fans aucun menagement. Après un festin infâme arriva le celebre embrasement de Rome, qui de 14 quartiers dont cette ville étoit composée, en reduisit trois en cendres, & ne laissa de fept autres, que quelques restes des maisons ; il y fit mettre le feu pour fe representer l'embrasement de Troye.*

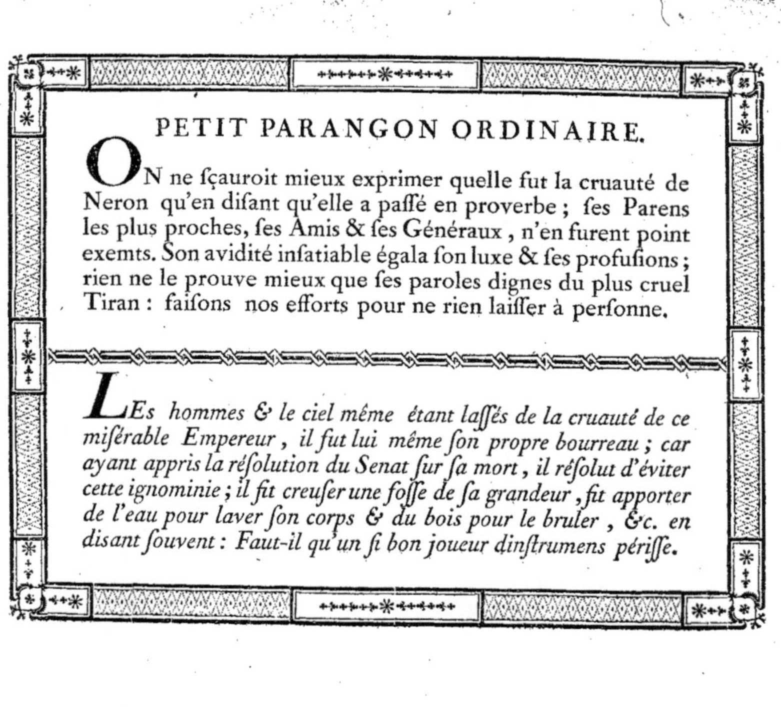

## PETIT PARANGON ORDINAIRE.

On ne fçauroit mieux exprimer quelle fut la cruauté de Neron qu'en difant qu'elle a paffé en proverbe ; fes Parens les plus proches, fes Amis & fes Généraux, n'en furent point exemts. Son avidité infatiable égala fon luxe & fes profufions ; rien ne le prouve mieux que fes paroles dignes du plus cruel Tiran : faifons nos efforts pour ne rien laiffer à perfonne.

*LEs hommes & le ciel même étant laffés de la cruauté de ce miférable Empereur, il fut lui même fon propre bourreau ; car ayant appris la réfolution du Senat fur fa mort, il réfolut d'éviter cette ignominie ; il fit creufer une foffe de fa grandeur, fit apporter de l'eau pour laver fon corps & du bois pour le bruler, &c. en difant fouvent : Faut-il qu'un fi bon joueur dinftrumens périffe.*

## AUTRE PETIT PARANGON.

LE cruel Neron fit mourir fa me-re, Antonie fa tante, Britannicus, Senecque, Corbulon un de fes Capitaines, & plufieurs autres de fes proches ; & tua lui-même d'un coup de pied Poppée fa feconde femme.

*SAINT Pierre, Saint Paul, & les autres Chrétiens furent aussi les innocentes victimes de fa fureur, il leur fit fouffrir les plus cruels tourmens & inventa pour cela tout ce que la rage & la cruauté ont de plus ingenieux.*

## AUTRE GROS ROMAIN.

ON revêtit les uns de peaux de bêtes fauvages, & enfuite on lâcha contre eux des chiens affamez ; on en expofa d'autres aux lions dans l'amphithéatre ; & on attacha les autres à des poteaux, ou ils furent tous brulez vifs.

*PEU de tems après les hommes, & le ciel même étant lassez de la cruauté de ce monstre, il fut lui-même fon propre bourreau ; & lorsque le Senat fe préparoit à en délivrer la terre, il s'arracha une vie qui étoit en exécration à tout l'univers.*

## GROS ROMAIN ROMAIN.

GALBA, de l'illuſtre Maiſon des Sulpices, fut élevé ſur le Trône. Tandis qu'il ne fut que particulier, il parut beaucoup au-deſſus de ſa condition; & s'il n'eut jamais été Empereur tout le monde eût cru qu'il eût merité de l'être. Il uſa ſi mal de l'autorité ſouveraine, qu'on n'entendit bientôt que des plaintes. Galba ſe perſuadant que l'on n'en vouloit qu'à ſa vieilleſſe, adopta Piſon pour faire ceſſer les révoltes.

## *ITALIQUE.*

*MAIS Othon fut d'autant plus ſenſible à cette adoption, qu'il s'étoit perſuadé que l'Empereur ne manqueroit jamais de reconnoiſſance pour lui qui n'avoit pas peu contribué à ſon élevation à l'Empire. Se trouvant ainſi trompé, il anime les troupes déja mécontentes du nouvel Empereur, qui par une épargne hors de ſaiſon, leur avoit refuſé les récompenſes qu'ils demandoient. Galba étant ſorti, fut égorgé, & mourut percé de mille coups.*

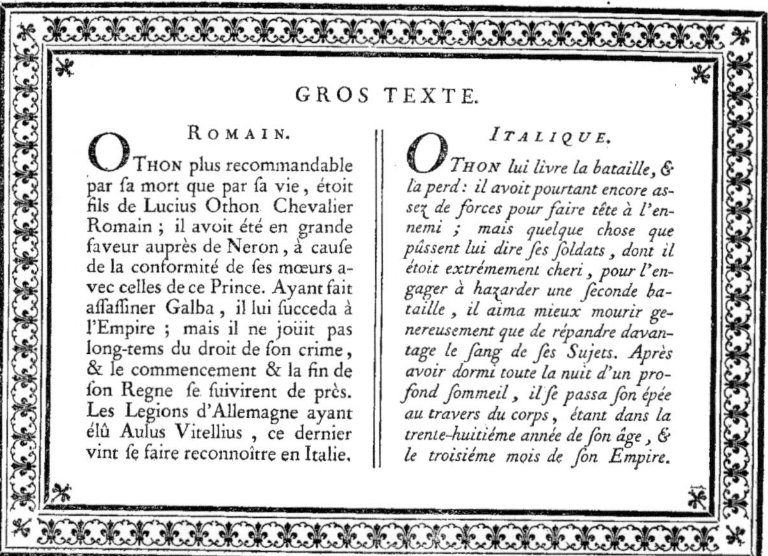

## GROS TEXTE.

### ROMAIN.

OTHON plus recommandable par ſa mort que par ſa vie, étoit fils de Lucius Othon Chevalier Romain ; il avoit été en grande faveur auprès de Neron, à cauſe de la conformité de ſes mœurs avec celles de ce Prince. Ayant fait aſſaſſiner Galba, il lui ſucceda à l'Empire ; mais il ne joüit pas long-tems du droit de ſon crime, & le commencement & la fin de ſon Regne ſe ſuivirent de près. Les Legions d'Allemagne ayant élû Aulus Vitellius, ce dernier vint ſe faire reconnoître en Italie.

### ITALIQUE.

*OTHON lui livre la bataille, & la perd : il avoit pourtant encore aſſez de forces pour faire tête à l'ennemi ; mais quelque chose que pûſſent lui dire ſes ſoldats, dont il étoit extrémement cheri, pour l'engager à hazarder une ſeconde bataille, il aima mieux mourir genereuſement que de répandre davantage le ſang de ſes Sujets. Après avoir dormi toute la nuit d'un profond ſommeil, il ſe paſſa ſon épée au travers du corps, étant dans la trente-huitiéme année de ſon âge, & le troiſiéme mois de ſon Empire.*

## SAINT AUGUSTIN.

### ROMAIN.

**A**ULUS VITELLIUS naquit à Rome d'une famille peu connuë, & dont l'origine eft fort incertaine. Selon Tacite, il étoit fils de L. Vitellius Cenfeur, trois fois Conful, & le plus puiffant Senateur du tems de l'Empereur Claude. Ses vices lui avoient acquis les faveurs de Caius & de Neron ; il avoit cinquante - fix ans lorfqu'il parvint à l'Empire. Son Regne fort court à la verité ne fut qu'un tiffu de débauches; auffi n'eftimoit-il que les actions de Neron, qu'il imita parfaitement. Il n'avoit d'autre Dieu que fon ventre , & toute fon occupation étoit de faire plufieurs repas par jour, & de vuider honteufement fon eftomac entre chaque repas. Dans un feftin que lui fit fon frere , il y avoit deux mille poiffons exquis, & fept mille oifeaux. &c.

### ITALIQUE.

*E*TANT fimple particulier , il faifoit de méchans procès à ceux de fes créanciers qui le pressoient le plus , & arrêtoit les poursuites des autres par fes menaces : mais étant Empereur , il les contraignit de lui rendre fes obligations , leur disant qu'ils étoient plus que payez de ce qu'il leur laissoit la vie. Il devint en peu de tems fi insupportable à tout le monde , qu'il fut obligé de fe déguiser. Il prit un méchant habit , & alla fe cacher dans un lieu où les chiens étoient attachez ; en ayant été tiré par force , couvert de fang & de paille , on le traîna par la ruë Sacrée , la corde au col , les mains liées derriere le dos : on brisa devant lui toutes fes Statuës , & le peuple en lui jettant de la bouë le chargeoit d'injures. Il fut enfin traîné dans le Tibre.

### CICERO ORDINAIRE.

FLAVIUS VESPASIEN ayant été envoyé par Neron en Judée pour pacifier les troubles de ce Royaume, se rendit bien-tôt maître de plusieurs villes, & de plusieurs autres Places fortes. L'Armée lui ayant déferé le titre d'Empereur après la mort de Neron, il refusa longtems cette suprême dignité ; mais l'ayant enfin acceptée, il laissa le Commandement des Troupes, & le soin d'achever l'expedition de Judée à Tite son fils. Il partit pour Rome en diligence, & vint prendre possession de l'Empire auquel il avoit été appellé.

### CICERO ITALIQUE.

*LA seconde année de son Regne qui étoit la quarantiéme depuis la mort de JESUS-CHRIST, Tite porta les derniers coups à la Nation Juive par la prise de Jerusalem. Cette grande Ville fut tout-à-coup assiegée dans le tems que la solemnité de Pâques avoit rassemblé une multitude incroyable de Juifs. Jamais Siege ne fut ni plus opiniâtre ni plus sanglant. La faim qu'endurerent les Assiegez, les obligea de se nourrir de chair humaine, & l'on vit des meres, qui oubliant les plus tendres sentimens de la nature, égorgerent inhumainement leurs propres enfans.*

### CICERO MOYEN.

APRÈS avoir pacifié l'Empire, Vespasien entreprit les plus superbes Édifices, moins pour immortaliser son nom, que pour que la populace gagnât sa vie. Il fit rebâtir le Capitole & commença l'Amphithéatre dont Auguste avoit formé le projet ; il employa des sommes immenses pour faire racommoder les Chemins & les Ports ; il rétablit plusieurs Villes abimées par des tremblemens de terre, & fit enfin bâtir le superbe Temple de la Paix qu'il embellit surtout des dépoüilles du Temple de Jerusalem.

### CICERO GROS ŒIL.

QUOIQUE sa naissance fut des plus obscures, il ne la dissimuloit pas, il fut le premier à se mocquer des lâches Flateurs qui avoient dessein de lui dresser une grande Généalogie: Bien plus, il alloit tous les ans passer l'Eté dans la Maison de Campagne où il étoit né, & n'y voulut rien changer. La bassesse de son extraction étoit infiniment relevée par la gloire. La Victoire l'avoit accompagné dans toutes ses expéditions, & il porta sur le Trône un front couronné de mille Lauriers.

ITE, fils & succeffeur de Vefpafien, parut dans fa jeuneffe fort débauché, mais il fe corrigea fi bien qu'il devint un des meilleurs Princes dont l'hiftoire nous ait confervé la mémoire. Il acheva l'Amphithéatre que fon pere avoit commencé, & il accompagna la dédicace de ce fameux Edifice, de grandes largeffes qu'il fit au peuple ; car il donna cent mille écus chaque jour de cette fête.

*L'INCLINATION naturelle qui le portoit à faire du bien, le faisoit tellement cherir des Grands & des petits, qu'on l'appelloit communément les délices du genre humain. Mais plus la possession d'un si grand bien fut courte plus les hommes en estimerent le prix. Cet aimable Prince mourut la troisiéme année de son Regne. Jamais mort ne fut accompagnée de regrets plus finceres ni de larmes plus véritables.*

---

### PETIT ROMAIN ORDINAIRE.

DOMITIEN frere de Titus, fut un Prince en qui les vertus & les vices firent un contrafte fort bizarre ; mais à la fin les vices prenant le deffus ; il fut bien plus femblable à Neron qu'à Titus, ce qui fit que fes cheveux lui ayant tombé, on l'appella par dérifion Neron le chauve. Dans les commencemens de fon Regne, oubliant prefque qu'il étoit Empereur, il avoit tous les jours certaines heures pendant lefquelles il s'occupoit à prendre des Mouches qu'il perçoit enfuite avec un poinçon. Ce qui fit augurer, qu'un jour il feroit cruel.

### PETIT ROMAIN ITALIQUE.

*L'EMULATION que lui donnerent les grandes qualitez de son frere, l'éxita à témoigner un zéle ardent pour la Justice. Il donna de fréquens Spectacles avec une dépence & une fomptuosité incroyable : mais pendant que ce Prince ne s'occupoit que des jeux & des fpectacles, les affaires de la guerre n'en alloient pas mieux. Il est vrai qu'il triompha des Daces & des Captes, mais ces deux triomphes couterent bien du fang. Il fçut fi bien contenir les Gouverneurs des Provinces, qu'on ne vit jamais parmi eux tant de modération, & empécha les calomnies, en établissant des peines féveres contre les calomniateurs.*

### PETIT ROMAIN GROS ŒIL.

DE tous les Sçavans il ne chérit que Martial, parce que ce Poëte flata plus que perfonne fa vanité, qui fut fi grande, que ce Prince oubliant fa condition mortelle, fut le premier des Empereurs qui ufurpa le titre de Seigneur & de Dieu. Son arrogance s'étant tournée en rage & en fureur, il facrifia plufieurs perfonnes à fa cruauté pour des caufes très-légeres, & il fut un des plus cruels perfécuteurs de la Religion Chrétienne ; mais Dieu vangea la mort de tous fes Serviteurs en faifant périr Domitien de la main même de fes domeftiques.

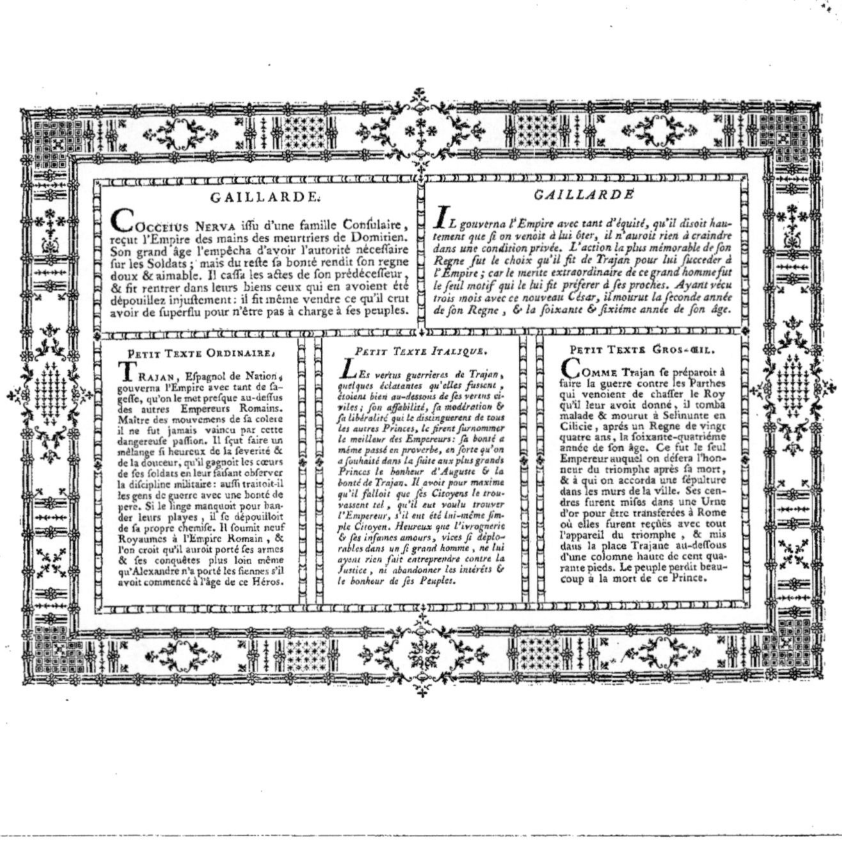

### GAILLARDE.

Cocceïus Nerva issu d'une famille Consulaire, reçut l'Empire des mains des meurtriers de Domitien. Son grand âge l'empêcha d'avoir l'autorité nécessaire sur les Soldats; mais du reste sa bonté rendit son regne doux & aimable. Il cassa les actes de son prédécesseur, & fit rentrer dans leurs biens ceux qui en avoient été dépouillez injustement: il fit même vendre ce qu'il crut avoir de superflu pour n'être pas à charge à ses peuples.

### GAILLARDE

*IL gouverna l'Empire avec tant d'équité, qu'il disoit hautement que si on venoit à lui ôter, il n'auroit rien à craindre dans une condition privée. L'action la plus mémorable de son Regne fut le choix qu'il fit de Trajan pour lui succeder à l'Empire; car le merite extraordinaire de ce grand homme fut le seul motif qui le lui fit preferer à ses proches. Ayant vécu trois mois avec ce nouveau César, il mourut la seconde année de son Regne, & la soixante & sixiéme année de son âge.*

### PETIT TEXTE ORDINAIRE,

Trajan, Espagnol de Nation, gouverna l'Empire avec tant de sagesse, qu'on le met presque au-dessus des autres Empereurs Romains. Maître des mouvemens de sa colere il ne fut jamais vaincu par cette dangereuse passion. Il sçut faire un mélange si heureux de la severité & de la douceur, qu'il gagnoit les cœurs de ses soldats en leur faisant observer la discipline militaire: aussi traitoit-il les gens de guerre avec une bonté de pere. Si le linge manquoit pour bander leurs playes, il se dépouilloit de sa propre chemise. Il fournit neuf Royaumes à l'Empire Romain, & l'on croit qu'il auroit porté ses armes & ses conquêtes plus loin même qu'Alexandre n'a porté les siennes s'il avoit commencé à l'âge de ce Héros.

### PETIT TEXTE ITALIQUE.

*LEs vertus guerrieres de Trajan, quelques éclatantes qu'elles fussent, étoient bien au-dessous de ses vertus civiles; son affabilité, sa modération & sa libéralité qui le distinguerent de tous les autres Princes, le firent surnommer le meilleur des Empereurs: sa bonté a même passé en proverbe, en sorte qu'on a souhaité dans la suite aux plus grands Princes le bonheur d'Auguste & la bonté de Trajan. Il avoit pour maxime qu'il falloit que ses Citoyens le trouvassent tel, qu'il eut voulu trouver l'Empereur, s'il eut été lui-même simple Citoyen. Heureux que l'ivrognerie & ses infames amours, vices si déplorables dans un si grand homme, ne lui ayant rien fait entreprendre contre la Justice, ni abandonner les intérêts & le bonheur de ses Peuples!*

### PETIT TEXTE GROS-ŒIL.

Comme Trajan se préparoit à faire la guerre contre les Parthes qui venoient de chasser le Roy qu'il leur avoit donné, il tomba malade & mourut à Selinunte en Cilicie, aprés un Regne de vingt quatre ans, la soixante-quatriéme année de son âge. Ce fut le seul Empereur auquel on défera l'honneur du triomphe aprés sa mort, & à qui on accorda une sépulture dans les murs de la ville. Ses cendres furent mises dans une Urne d'or pour être transferées à Rome où elles furent reçûes avec tout l'appareil du triomphe, & mis dans la place Trajane au-dessous d'une colonne haute de cent quarante pieds. Le peuple perdit beaucoup à la mort de ce Prince.

## MIGNONE.

Adrien allié & compatriote de Trajan, fut un Prince également né pour le vice & pour la vertu; aussi son regne fut-il mêlé de bien & de mal. Sçavant dans les belles-lettres, & surtout fort versé dans les Mathématiques, il fit fleurir partout les sciences & les beaux arts. Il parcourut à pied toutes les Provinces de son Empire, & ne passa dans aucune sans y faire du bien.

*Les opiniâtres trouverent en lui un impitoyable vengeur: il deshonnora par ses cruautez, & par ses amours monstrueuses un regne si éclatant. Son infâme Antinoüs, dont il fit un Dieu, couvre de honte toute sa vie. l'Empereur sembla pourtant réparer ses fautes & rétablir sa gloire effacée, en adoptant Antonin surnommé le Pieux, pour lui succéder.*

## NOMPAREILLE.

Marc Antonin gouverna l'Empire avec tant de sagesse, que ses grandes vertus lui confirmerent le surnom de Pieux, qu'il avoit déja mérité par son tendre & respectueux attachement pour Adrien. Son zéle & son attention à procurer la tranquilité de l'Empire, le fit regarder comme un second Numa. Il cherchoit beaucoup plus l'estime des Rois alliez, qu'à s'en faire craindre.

Il n'admettoit aux Charges publiques que des personnes recommandables par leur équité. Il combla d'honneur les gens de bien, & la réputation de sa justice pénétra jusqu'aux extrémitez du monde; en sorte que les Nations les plus reculées mirent souvent les armes bas, & le choisirent pour arbitre & médiateur de leurs diférens. Il mourut la soixante-quinziéme année de son age & la vingt-trois de son régne.

## HEBREUX

*Gravés d'après les plus beaux Manuscrits de la Bibliothéque du Roy, pour l'impression des Œuvres des R. R. P. P. de l'Oratoire.*

ויען בלדד השחי ויאמר : המשל
ופחד עמו עשה שלום במרומיו :
היש מספר לגבודיו ועל מי לא יקום
אורהו : ומה יצדק אנוש עם אל
ומה יזכה ילוד אשה : הן עד ירח
ולא יאהיל וכוכבים לא זכו בעיניו :
אף כי אנוש רמה ובן אדם תולעה :

שיר המעלות אל יהוה בצרתה לי קראתי ויענני ·
יהוה הצילה נפשי משפת שקר מלשון רמיה : מה
יתן לך ומה יסיף לך לשון רמיה : חצי גבור שנונים
עם גחלי רתמים : אויה לי כי גרתי משך שכנתי עם
אהלי קדר : רבת שכנה לה נפשי עם שונא
שלום · אני שלום וכי אדבר המה למלחמה :

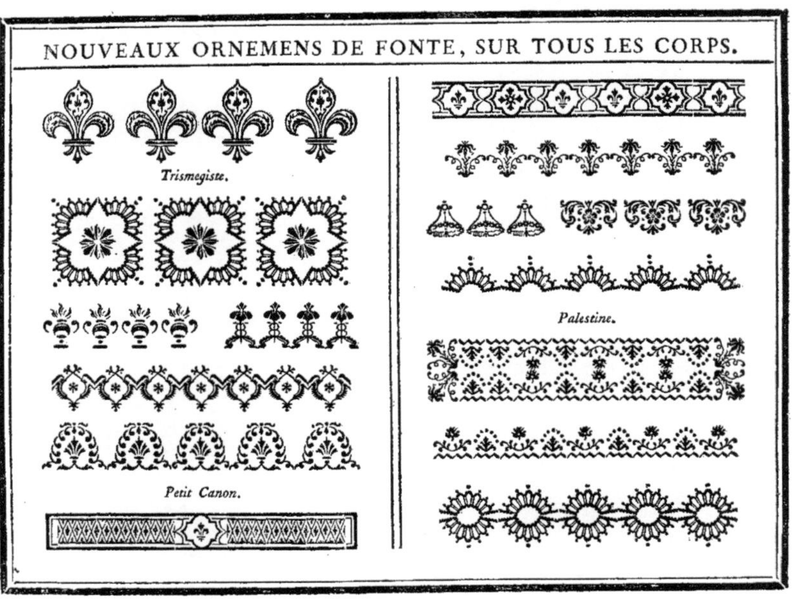


Trismegiste.
Palestine.
Petit Canon.

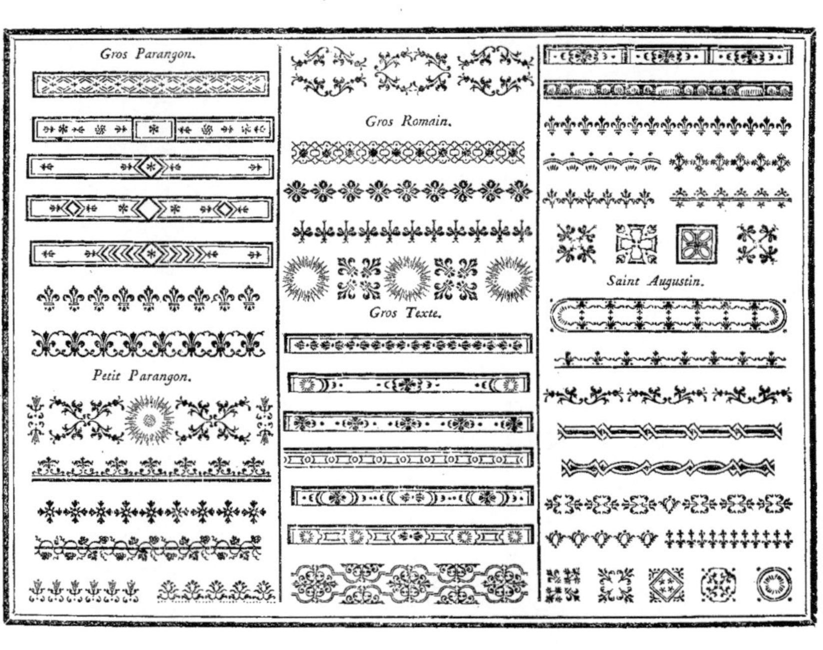

Gros Parangon.
Gros Romain.
Petit Parangon.
Gros Texte.
Saint Augustin.

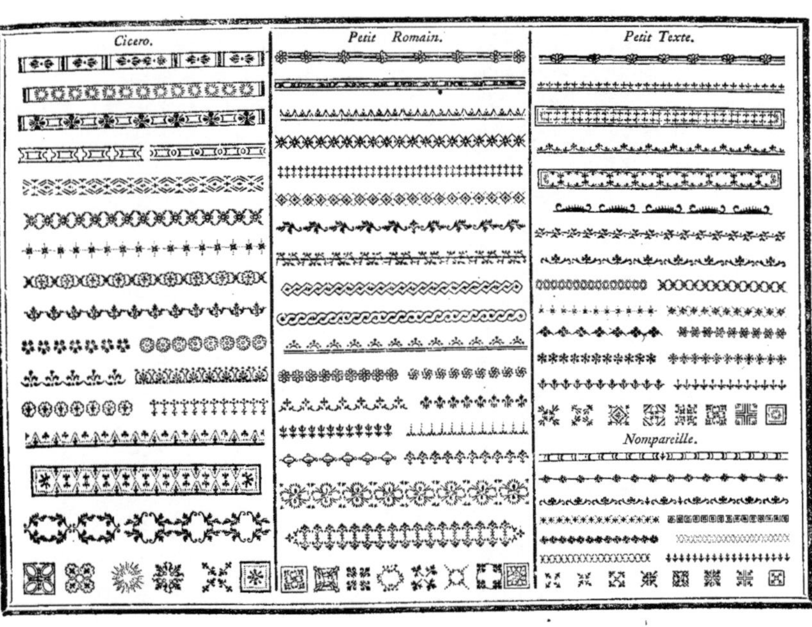


Cicero.
Petit Romain.
Petit Texte.
Nompareille.

Usage que l'on
pourra faire des
Vignettes de
S. P. Fournier

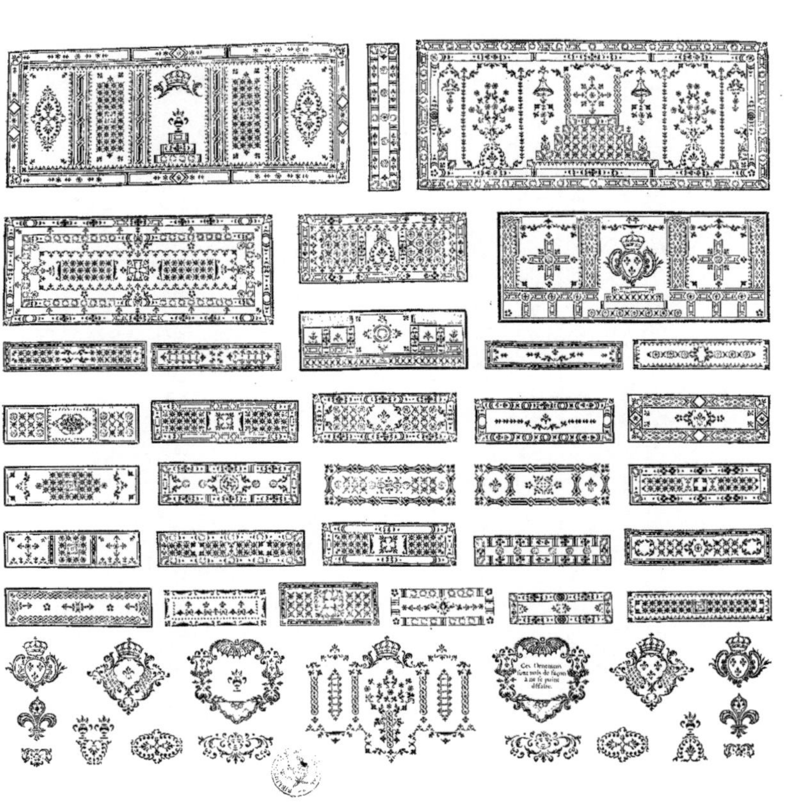

Ces Ornemens
sont mis de façon
à ne se point
déffaire.